© 2024, José Antonio Pagola
© 2024, PPC, Editorial y Distribuidora, SA
Impresores, 2
Parque Empresarial Prado del Espino
28660 Boadilla del Monte (Madrid)
ppcedit@ppc-editorial.com
www.ppc-editorial.com

ISBN: 978-84-288-4226-6
Depósito legal: M-22531-2024
Impreso en la UE / *Printed in EU*

futuro, pero en no pocas comunidades se vive con la conciencia de que no serán renovadas ni sustituidas por otras.

Esta situación está ya produciendo efectos fáciles de constatar:

- poco a poco crece el número de personas mayores enfermas o necesitadas de atención y ayuda;
- se resiente el ritmo de vida de la comunidad y disminuye la capacidad de trabajo de las personas;
- cada vez resulta más difícil a las congregaciones responder dignamente de los compromisos adquiridos y realizar con eficacia las tareas en que están implicadas las comunidades.

Todo esto puede generar incertidumbre, preocupación, pesimismo... Lo decisivo es saber con qué espíritu, desde qué actitud interior, con qué fuego han de vivir hoy las comunidades religiosas.

Estas son, a mi juicio, algunas de las preguntas que nos hemos de hacer hoy: ¿Qué es lo importante en estos momentos? ¿Qué se le pide

# Introducción[1]

Antes que nada, quiero hacer algunas observaciones para precisar el contenido y las limitaciones de mi exposición. Quiero darle a mi reflexión un carácter realista tanto en el enfoque general como en la concreción de tareas y posibilidades de los religiosos.

No me voy a detener en lo que es desarrollo habitual del trabajo de los religiosos en el campo de la enseñanza, de la salud o del compromiso sociocaritativo. Solo quiero sugerir algunas cuestiones y planteamientos que nos estimulen a dar pequeños pasos.

En la primera parte de mi exposición plantearé brevemente cuál ha de ser, a mi juicio, la orientación de fondo hoy y qué es lo importante en estos momentos al plantear la presencia y la

---

[1] Conferencia pronunciada en Zaragoza en el Encuentro de obispos y superiores mayores, celebrada el 8 de febrero de 2001.

# 1

## Desde el ser
## de la vida religiosa

Antes que nada, hemos de tener ante nuestros ojos el horizonte real de las comunidades religiosas que están implantadas en nuestras Iglesias locales. No para desalentarnos, sino para actuar con lucidez, humildad y verdad. No hemos de ignorar la realidad ni oscurecerla o encubrirla con grandes palabras.

Las comunidades religiosas están envejeciendo. Cualquier reflexión ha de afrontar este dato incontestable. No es solo cuestión de edad de las personas. El envejecimiento de las personas significa, muchas veces, costumbres y hábitos de vida envejecidos, formas de pensar y esquemas de actuación no renovados.

Por otra parte, al disminuir las vocaciones, disminuye el número de religiosos y religiosas. Nadie sabe exactamente qué sucederá en el contribución de los religiosos y religiosas en una Iglesia al servicio del Evangelio.

En la segunda parte me detendré a concretar más esta contribución en una Iglesia necesitada de una profunda renovación espiritual, llamada a promover de manera más decidida la misión y urgida por su Señor a ponerse al servicio del hombre y de la mujer de hoy.

a esta generación de religiosos? ¿Cómo vivir ese carisma admirable de la vida consagrada en nuestras Iglesias precisamente en estos momentos cargados de tantos interrogantes e incertidumbres?

## 1. La orientación de fondo

Cuando no se sabe o no se ve con claridad cómo hay que vivir en una determinada época, es fácil experimentar la desorientación, el desconcierto y el pesimismo. Si no vemos con claridad suficiente cómo hemos de vivir el carisma de la vida religiosa en este momento eclesial, es fácil caer en el apagamiento espiritual, la rutina y la falta de alegría interior.

Pero sin alegría y sin entusiasmo no se puede vivir el seguimiento radical a Cristo que entraña la consagración religiosa.

### ¿Preservar el pasado?

El objetivo de las comunidades religiosas en nuestras Iglesias no es preservar el pasado. Es importante recordar las raíces y alimentar los valores del pasado para mantener vivo el carisma, pero nadie entra en la vida religiosa para mantener lo pasado.

El mundo y la Iglesia necesitan un carisma para hoy, que inquiete, estimule y comunique Evangelio, Buena Noticia de Dios, a los hombres y mujeres de nuestro tiempo.

Nuestras Iglesias diocesanas no necesitan comunidades religiosas donde solo se alimente el recuerdo y la nostalgia del pasado. Desde esas comunidades se aporta, sobre todo, pasividad, inercia o pesimismo, actitudes que no nos ayudan a impulsar la evangelización y que tienen poco que ver con el carisma de la vida religiosa que ha de ser, dentro de la Iglesia, "generador de vida" y estímulo profético.

### ¿Sobrevivir?

El objetivo de la vida religiosa no es tampoco sobrevivir. Sería indigno de este carisma y de su inspiración más profunda. Nadie está en la vida religiosa para ayudarla a sobrevivir. Corremos, sin embargo, el riesgo más o menos consciente de hacer hoy de la supervivencia el objetivo secreto o la orientación subliminal de fondo.

Pero "sobrevivir" o "prolongar la situación" solo conduce a la pasividad y resignación, no a la creatividad y la audacia profética que exige hoy la evangelización.

"Resignarse" puede parecernos una virtud santa y necesaria hoy, pero puede encerrar también no poca comodidad y cobardía. Lo más sencillo sería cerrar los ojos y seguir como siempre, sin hacer nada. Sin embargo, hay mucho que hacer. Nada menos que esto: escuchar lo que el Espíritu nos está diciendo hoy a las Iglesias.

Una cosa es clara: hemos de actuar movidos no por el instinto de conservación, sino por el Espíritu del Resucitado, alma de la Iglesia. Nuestros talentos se están reduciendo. Pues bien, aunque nos quedemos con un solo talento, no es para enterrarlo y conservarlo seguro, es para hacerlo fructificar. Nuestro problema hoy no es "tener pocos talentos", sino ver qué hacemos con ellos.

### ¿Hacer algo?

El objetivo no es tampoco hacer algo, lo que sea, configurar el futuro, buscar recetas concretas. Nadie tiene hoy la receta. Nadie conoce el futuro. Solo sabemos que se está gestando ahora, en el presente.

Esta generación de religiosos está decidiendo, en buena parte, el futuro de la vida religiosa en la Iglesia, no tanto por las nuevas formas y experiencias, cuanto por la calidad evangélica de su vida, la sintonía con los interrogantes y sufrimientos del hombre y la mujer de hoy y por su ardor evangelizador.

No es el momento de caer en la impaciencia buscando hacer algo, lo que sea, como sea, de forma ligera y sin suficiente discernimiento, apremiados por un futuro incierto. Es importante reflexionar, proyectar, impulsar nuevas formas y caminos, pero todo ello ha de nacer de un espíritu nuevo, de una santidad nueva.

### Vivir la verdad del carisma

La verdadera tarea hoy de los religiosos y religiosas es vivir con hondura y verdad su propio carisma, su ser de religiosos en la hora presente. Lo que la Iglesia necesita y pide a los religiosos y religiosas es que crean en su propio carisma, que lo amen, que lo vivan con nuevo ardor, descubriendo sus nuevas exigencias, y que, desde su propio ser de religiosos, colaboren junto a los demás creyentes en el impulso de la acción evangelizadora.

No hay excusas para no vivir ahora mismo con radicalidad el carisma, sin esperar a que cambien las circunstancias. Nuestro verdadero problema no es el envejecimiento de las comunidades o el descenso de vocaciones, sino la mediocridad y la falta de santidad en estos tiempos de incertidumbre.

Es el momento de reavivar el fuego. La hora de despertar la determinación de ser auténticamente religiosos. Esa ha de ser la orientación de fondo. Solo desde ahí podrán los religiosos poner su aportación original e insustituible en las Iglesias diocesanas.

Si esto queda claro en el seno de las comunidades y en el corazón de los religiosos, será muy fácil luego reavivar, proyectar, crear o abrir nuevas formas y cauces de colaboración en la acción pastoral y evangelizadora.

## 2. ¿Qué es lo importante en estos momentos?

Condicionados por la Iglesia que hemos conocido entre nosotros hace unos años, corremos el riesgo de ser víctimas de un esquema mental deformado que nos puede hacer daño, impidiéndonos ver con lucidez cristiana cuál ha de ser la aportación más decisiva de los religiosos y religiosas hoy, desde esas comunidades debilitadas, en aparente declive y de futuro incierto.

### *¿Número o calidad de vida?*

A nosotros nos parece muy importante el número de religiosos y de comunidades. Hemos conocido otros tiempos, con noviciados repletos, apertura constante de nuevas comunidades, colegios y obras, expansión hacia lugares de misión. Una vida religiosa fuertemente estructurada, con un estilo de vida muy disciplinado y uniforme.

Esta imagen de vida religiosa que está dentro de nosotros nos puede hacer pensar que también hoy constituiría tal vez el marco ideal.

No es así. Sin duda, el número tiene su importancia y puede ser un índice de vigor religioso, pero puede ser también resultado de otros muchos factores socioculturales. Para que en el interior de la Iglesia arda el carisma de la vida consagrada, lo importante no es ser muchos o pocos. Lo decisivo no es el número, sino la calidad de vida evangélica que puedan irradiar las comunidades: la fe gozosa, la adhesión apasionada a Jesucristo, la alegría interior, la amistad fraterna, la cercanía a las víctimas, la austeridad sana y liberadora, la ternura cristiana que puedan transparentar y contagiar.

¿Para qué necesitan las diócesis muchas comunidades mediocres? Un número más reducido de comunidades, diseminadas por nuestros barrios, pueblos y ciudades, pero llenas de vida evangélica y de audacia evangelizadora puede ser, por el contrario, en estos momentos un verdadero regalo.

## ¿Eficiencia o testimonio?

Pensamos también que lo importante sería contar con personas jóvenes y valiosas, bien preparadas para las diferentes tareas. Hemos conocido generaciones llenas de vitalidad, religiosos y religiosas jóvenes con los que se podían emprender obras de gran envergadura. Condicionados también nosotros por los criterios de eficiencia, rendimiento y competitividad, tendemos a medirlo todo con cifras y números, desde la eficacia de lo visible e inmediato.

Es importante, sin duda, contar con personas valiosas y bien preparadas, y hemos de seguir cuidando y mucho la capacitación y competencia de los religiosos y religiosas en los diversos campos, pero lo decisivo para el impulso de la evangelización es contar con testigos, es decir, con comunidades de religiosos en cuya vida se pueda percibir la fuerza humanizadora, transformadora, sanadora que se encierra en el Evangelio cuando es acogido de manera responsable.

¿Para qué necesitan nuestras Iglesias comunidades opacas en las que sea difícil captar el Evangelio vivido por testigos de un Dios amigo y salvador?

Se suele decir que los religiosos y religiosas han de colaborar en la acción evangelizadora de la Iglesia desde su propio ser, incluso antes de concretar su compromiso y su hacer. Es cierto.

- **Desde su vida de castidad**, el religioso está anunciando y testificando el amor y la entrega al Reino de Dios como valor absoluto y definitivo.

  Pero para que este valor evangelizador de la castidad sea percibido socialmente es necesario que se pueda ver que la vida célibe del religioso no es aislamiento egoísta, comodidad estéril, inhibición de los problemas, enclaustración infecunda, sino capacidad para un amor más amplio, un servicio más liberado, una disponibilidad más ágil y gratuita para estar cerca de los más solos y abandonados, los que no pueden siquiera corresponder al amor que reciben.

- **Desde su vida de pobreza**, el religioso anuncia a Dios, Padre de todos, y apunta hacia una comunidad humana más fraterna, al servicio de la dignidad y la dicha de todos, donde el poder y el acaparar sean sustituidos por el compartir.

Pero este valor evangelizador de la pobreza solo será percibido si se puede ver que la pobreza del religioso y la religiosa no es simplemente una manera diferente de organizarse la vida, sino un modo real de ponerlo todo al servicio de los demás, un estado de vida espléndido para solidarizarse con los más pobres, defendiendo sus derechos y compartiendo sus preocupaciones y problemas.

■ **Desde su vida de obediencia,** el religioso anuncia que la vida del ser humano encuentra su realización plena en el cumplimiento de la voluntad de Dios.

Pero este valor evangelizador de la obediencia solo será percibido si se puede ver que la obediencia no es infantilismo e irresponsabilidad, pérdida de iniciativa y creatividad, sino búsqueda sincera, exigente, imaginativa de la voluntad de Dios que no es otra sino una vida digna y dichosa para todos.

## ¿Estructuras sociológicas o medios evangélicos?

Nosotros hemos conocido congregaciones religiosas con gran poder sociológico. La vida religiosa ella misma gozaba de gran prestigio social. Los religiosos realizaban una actividad intensa y contaban con medios sociológicamente poderosos (colegios, clínicas, centros y servicios sociales de diversa naturaleza). Hoy nos puede parecer que todo se desmorona si esta actividad decae.

En el fondo, podemos pensar que lo ideal en estos momentos sería contar con más religiosos (el mayor número posible), con la mayor capacidad y preparación (religiosos y religiosas jóvenes y valiosos) para poder desarrollar la mayor actividad posible en todos los campos. Como la realidad es muy otra y somos cada vez menos y de edad más avanzada, como nos vamos a tener que ir retirando de obras y servicios, nos puede parecer que todo va mal.

No es así. La actividad es importante, pero no es lo decisivo. Lo primero no es "hacer cosas", "hacer mucho", sino cuidar mejor la calidad evangélica de lo que hacemos, purificar el contenido, hacer las cosas de manera más evangélica, que lo que hagamos pueda ser leído por los hombres y mujeres de hoy como "Buena Noticia" de Jesucristo. Cada vez vamos a tener menos fuerza sociológica y menos medios de poder. Lo importante será emplear los medios evangélicos que empleó el mismo Jesús, comprometiéndonos en servicios tal vez más moderados y limitados sociológicamente, pero más claramente evangelizadores.

Todos sabemos los medios que empleó Jesús:

- acogida cálida a cada persona;
- cercanía a las necesidades más vitales del ser humano;
- alivio del dolor y la enfermedad;
- liberación del abandono y de la soledad;
- ofrecimiento de perdón y rehabilitación;
- cobijo a los más olvidados y marginados;
- denuncia de todo abuso, injusticia y violencia contra las personas;
- rebelión ante una religión vacía de amor e hipócrita;
- creación de relaciones más justas y fraternas por encima de discriminaciones de raza, sexo o religión;

- oferta de sentido último a la vida, y de esperanza definitiva ante la muerte.

De nuevo, es Jesús mismo, el primer evangelizador, pobre de poder mundano, pero "ungido con el poder del Espíritu Santo" el que se convierte en "camino, verdad y vida" para todos los religiosos y religiosas llamados como él a "pasar haciendo el bien y curando a todos los oprimidos por el Diablo" (Hch 10,38).

Para que la aportación de los religiosos y las religiosas sea significativa no es indispensable que sean muchos, que cuenten con medios poderosos y desarrollen una actividad intensa. Lo decisivo es la calidad evangélica de las comunidades, el testimonio vivo de cada uno y el desarrollo de los medios evangélicos con que evangelizó Jesús.

Para la Iglesia, una de las cuestiones más importantes en los próximos años será, tal vez, esta:

- ¿Qué harán los religiosos con esta pobreza sociológica y este empobrecimiento que van a ir experimentando cada vez más?

- ¿Los empujará a vivir con más radicalidad el seguimiento a Cristo, o los encerrará más en sus propios problemas y preocupaciones?
- ¿Aportará más verdad a sus vidas, o los distraerá de lo esencial?
- ¿Se integrarán con gozo en una Iglesia que los necesita más que nunca, o se aislarán en su propio declive?

# 2

# En una Iglesia
# al servicio del Evangelio

El Concilio Vaticano II entiende la vida religiosa como un carisma al servicio de la Iglesia y de su misión evangelizadora. Por eso, cuando señala algunos principios generales que orienten la renovación, dice así:

> "Participen todos los Institutos de la vida de la Iglesia y hagan suyos y fomenten con todas sus fuerzas, según su propio carácter, los proyectos y propósitos de la misma." (*Perfectae caritatis* 2)

En estos momentos en que la Iglesia se plantea cómo impulsar la acción evangelizadora, hemos de preguntarnos cuál puede y debe ser la contribución propia de los religiosos. Me limitaré a señalar brevemente algunos campos.

# 1. Hacia una evangelización impulsada por el Espíritu

## *El riesgo de la mediocridad*

Nuestro trabajo pastoral está a veces demasiado marcado por la actividad y la agitación, con un claro déficit de experiencia interior. Se trabaja mucho y con muy buena voluntad buscando un cierto tipo de rendimiento pastoral, pero, a veces, se diría que con nuestra acción pastoral estamos desarrollando "la epidermis de la fe", un cristianismo sin interioridad, que parece dispensar de una relación viva y gozosa con Dios.

En todas las épocas, y también en la nuestra, corremos el riesgo de fomentar y sostener entre todos una mediocridad espiritual generalizada que no se debe a la infidelidad de este o de aquel, sino, sobre todo, a un clima que creamos entre todos por nuestra forma empobrecida de entender y vivir la experiencia cristiana.

Hemos encontrado un lenguaje más vivo y expresivo para hablar del trabajo pastoral y del acto evangelizador, pero seguimos –en buena parte– alimentando un cristianismo convencional:

- respeto a una tradición religiosa empobrecida;
- una liturgia ritualizada que tranquiliza, aunque no alimente el espíritu;
- insistencia en el mensaje doctrinal, aunque no abra los corazones a la experiencia de Dios
- recuerdo conminatorio de la moral, aunque las personas no estén enraizadas en la adhesión vital a Cristo.

## La necesidad de una renovación espiritual

Quien se acerca a la vida de las primeras comunidades cristianas descubre una experiencia nuclear: la Iglesia nace del Espíritu; vive, crece, evangeliza desde el Espíritu de Jesucristo. El Espíritu es el vivificador de la Iglesia, el "dador de la vida", el principio vital. Nuestro mayor error puede consistir hoy en pretender sustituir con la organización, el trabajo o la actividad lo que solo puede nacer de la fuerza del Espíritu.

- Sin el Espíritu, la fe en un Dios se oscurece y debilita.

- Sin el Espíritu, Jesucristo se queda en un personaje histórico del pasado que no hace arder los corazones.
- Sin el Espíritu, el Evangelio se convierte en letra muerta ya sabida.
- Sin el Espíritu, la esperanza es sustituida por el temor, la audacia por la cobardía.
- Sin el Espíritu, la misión se apaga, el trabajo pastoral se convierte fácilmente en tarea profesional, la evangelización en propaganda religiosa, la catequesis en adoctrinamiento, la celebración en un rito vacío de espíritu, la acción caritativa en servicio social o filantrópico.
- Sin el Espíritu, la comunión se resquebraja, los carismas se extinguen, el pueblo y la jerarquía se separan, la vida de la Iglesia se apaga en la mediocridad.

El punto de partida que desencadenó la evangelización fue el encuentro sorprendente y transformador de un grupo de hombres y mujeres con Jesús, el Cristo, el "Ungido por el Espíritu" de Dios (Lc 4,18). Todo empezó cuando aquellos discípulos y discípulas se pusieron en contacto con Jesús, primero en Galilea, luego en la experiencia pascual, y experimentaron en él la cercanía salvadora de Dios.

Sin este encuentro, todo hubiera seguido como antes. Ha sido la experiencia de ese contacto con el Hijo de Dios encarnado en Jesús lo que ha transformado a estos hombres y mujeres, les ha hecho conocer la salvación ofrecida por Dios al ser humano y los ha entusiasmado con la tarea de hacer presente el Reinado de ese Dios y su justicia entre los hombres.

Por muchos cambios que introduzcamos en el trabajo y la estructura pastoral, nuestras Iglesias no tendrán más fuerza evangelizadora si en su interior no hay una experiencia más viva del Espíritu, es decir, si no reactualizamos aquella primera experiencia de los discípulos que descubrieron en Cristo la cercanía salvadora de Dios y se sintieron impulsados por su Espíritu a comunicarla.

### Religiosos, portadores del Espíritu

No creo posible entre nosotros una "nueva evangelización" sin un nuevo Pentecostés, es decir, sin una cierta actualización de aquella experiencia fundante que hizo posible la primera evangelización.

¿Quién puede contribuir a "hacer sitio" al Espíritu dentro de la Iglesia y de las comunidades cristianas?, ¿quién nos puede estimular y urgir a acoger el Espíritu en el interior de la actividad pastoral y evangelizadora?, ¿no tienen aquí los religiosos algo que aportar?, ¿para qué los necesitamos, para tener algunos catequistas más, algunos monitores o colaboradores de Cáritas más, o, sobre todo, para cuidar e impulsar el Espíritu? Señalo brevemente **tres tareas concretas**.

Los religiosos y religiosas pueden contribuir como pocos a **promover en nuestras Iglesias un contacto más vital con el Evangelio**. Por su condición y su trayectoria creyente, por su experiencia y su conocimiento, si el Evangelio es la fuente y el secreto de donde extraen el sentido y el aliento de su seguimiento radical a Cristo, su aportación puede ser muy importante para centrar más nuestra acción pastoral y evangelizadora en los evangelios. Pueden animar y enseñar a conocerlos, amarlos, leerlos y meditarlos.

Los religiosos y religiosas, con su presencia y participación activa, pueden contribuir a **cuidar y reavivar en nuestras comunidades**

**parroquiales la celebración eucarística del domingo**, única experiencia que sostiene y alimenta de ordinario la fe de muchos. Sus sugerencias y críticas, su creatividad, su diálogo con los presbíteros, su talante festivo, su cercanía al pueblo sencillo pueden ayudar a las comunidades cristianas a celebrar incansablemente cada domingo su esperanza en el Resucitado. No necesitamos a los religiosos para "oír misa" junto a los demás en su comunidad o en la parroquia más cercana, sino como "fermento" de las celebraciones.

La aportación de los religiosos y las religiosas puede ser también de gran importancia para **cuidar mejor la experiencia de fe y la vida interior de los agentes de pastoral**. Bastantes de ellos, desbordados por una actividad excesiva, cogidos en la rueda de compromisos, reuniones y tareas, privados de alimento interior, se pueden ir convirtiendo poco a poco en funcionarios más que en testigos vivos de la fe. La propia experiencia personal y comunitaria capacita de manera especial a los religiosos para colaborar en promover, en las parroquias y en sus comunidades, espacios y encuentros de oración, tiempos de silencio y de escucha de la

Palabra de Dios, aprendizaje de nuevas formas y caminos de comunicación con Dios. Es un regalo contar con religiosos atentos a cuidar la vida interior de los agentes de pastoral.

## 2. Hacia un impulso más decidido a la misión

### *La ausencia de dinamismo misionero*

La razón de ser de la comunidad cristiana no está dentro sino fuera de sí misma. Es conocida la afirmación de Pablo VI:

> "Evangelizar constituye la dicha y la vocación propia de la Iglesia, su identidad más profunda. Ella existe para evangelizar." (*Evangelii nuntiandi* 14)

Esto significa que la comunidad cristiana no puede permanecer replegada sobre sí misma, sino que ha de abrirse al mundo concreto donde está enraizada y donde las gentes viven sus luchas, gozos, sufrimientos y expectativas.

La dinámica misionera exige "ir", "moverse hacia el otro", acercarse a la gente, buscar al solo y abandonado, estar junto al que desespera, dialogar con el que busca. Este "movimiento hacia fuera" es el que nos descentra, nos desprende de nuestras rutinas e inercias y abre en la Iglesia un espacio para la verdadera acción misionera.

Sin embargo, por lo general, la actividad de nuestras Iglesias está hoy muy centrada en los servicios internos de las comunidades y la atención a quienes se acercan a nosotros, con una falta notable de dinamismo misionero hacia fuera. Nuestros proyectos pastorales no contemplan, como horizonte inmediato, a sectores alejados o ámbitos descristianizados. No acertamos a sacar el Evangelio fuera del marco catequético y litúrgico de las comunidades. Incluso cuando funcionan bien y promueven la educación y el crecimiento en la fe de los practicantes, nuestras parroquias no llegan a ser, por lo general, focos de irradiación y penetración evangelizadora.

Pero ¿puede la Iglesia, en una sociedad en vías de progresiva descristianización, limitarse a mantener la fe de los practicantes?

## *Testigos de un Dios amigo y salvador*

"Evangelizar" quiere decir, en su sentido más original, literalmente "anunciar una Buena Noticia", y en su contenido cristiano significa anunciar, comunicar, hacer creíble la Buena Noticia de Dios.

La pregunta es inevitable: ¿Puede Dios llegar a ser una Buena Noticia en nuestra sociedad, algo realmente nuevo y bueno para los hombres y mujeres de hoy?

¿Pueden los cristianos introducir "euaggelion", Buena Noticia de Dios en la sociedad actual? ¿Dónde están esos cristianos? ¿Quiénes son? No son preguntas superfluas. Son probablemente preguntas clave para imprimir la dirección correcta a la evangelización en el momento actual.

De Jesús, el primer evangelizador, podemos hacer estas tres afirmaciones:

- lo que Jesús **anuncia**, lo que dice acerca de Dios es bueno y esperanzador para el ser humano;
- su **manera de ser**, su persona, su vida es algo bueno para la gente;

- su **actuación** entre los hombres introduce siempre liberación y sanación en la vida de las personas y en la sociedad entera.

Consagrados al seguimiento radical de Jesús, ¿no han de sentirse los religiosos y religiosas llamados a comunicar con su anuncio, su vida y su actuación la Buena Noticia de Dios?

Son bastantes los religiosos comprometidos en las áreas de la educación, la enseñanza o la catequesis. ¿Qué imagen de Dios sale de sus labios?

Para que nuestras Iglesias comuniquen un Dios creíble y bueno, es necesario que se revise y purifique el contenido de ese anuncio, el lenguaje que se emplea, el talante y tono evangélico de la palabra, la forma de presentar la moral, la conversión a Dios y la salvación.

A nosotros se nos ha confiado "el ministerio de la reconciliación", no el ministerio de la condena, el juicio o la amenaza.

"En Cristo estaba Dios reconciliando al mundo consigo, no tomando en cuenta las transgresiones de los hombres, sino poniendo en nuestros labios la palabra de la reconciliación." (2 Cor 5,18-19)

Naturalmente, no basta revisar y purificar la imagen de Dios que transmitimos con los labios. Jesús no solo anuncia a un Dios bueno, él mismo es bueno; no solo habla de un Dios perdonador, él mismo acoge, comprende, perdona, libera de la culpa y de la desconfianza; no solo predica a un Dios salvador, él mismo sana, reconstruye a las personas, crea fraternidad, da fuerzas para vivir y esperanza para morir.

Jesús, él mismo era Evangelio, Buena Noticia de Dios. Era una suerte encontrarse con él. Es necesario que los religiosos y religiosas que hablan tanto de Dios sean buenos. Así de sencillo. Creyentes que, por su manera de ser, de actuar, de reaccionar, por su compromiso a favor de los débiles e indefensos, por su solidaridad y cercanía a las víctimas, introduzcan algo bueno de Dios en la vida de la gente. Cualquiera que sea su edad, su condición de jubilados o en activo, yo veo a los religiosos y religiosas como testigos de la misericordia y la ternura de Dios hacia todo ser humano.

Por último, es necesario, naturalmente, que las obras de los religiosos, las actividades y proyectos que promueven en medio de la sociedad sean encarnación modesta pero clara del Reinado de ese Dios bueno y apunten hacia una sociedad más digna y dichosa para todos.

El mejor regalo para una Iglesia al servicio del Evangelio sería contar con religiosos y religiosas, testigos de ese Dios Padre y Madre. Un Dios Amigo y Amante. Enamorado de cada ser, servidor humilde de sus criaturas. Un Dios que esté en nuestras vidas, "no para ser servido, sino para servir" (Mc 10,45). Con capacidad infinita para compadecerse, comprender y acoger a todos. Un Dios grande, que no cabe en ninguna religión ni Iglesia, pues habita en todo corazón humano y acompaña a cada persona en su desgracia. Un Dios que sufre y llora en la carne de todos los que sufren y lloran. Un Dios que está siempre con nosotros para "buscar y salvar" (Lc 19,10) lo que nosotros estropeamos y echamos a perder. Un Dios que despierta nuestra responsabilidad y pone en pie nuestra dignidad. Un Dios que libera de miedos y quiere desde ahora la paz y la dicha para todos.

### *Religiosos, impulsores de la misión*

Son muchas las áreas en que la aportación de los religiosos puede ser inestimable. Señalo algunas.

Los religiosos y religiosas pueden contribuir a **impulsar en nuestras comunidades y parroquias un desplazamiento hacia la vida**. No basta que se acerquen a las parroquias. Pueden contribuir a que estas (Consejos Pastorales, Comisiones, etc.) no se queden encerradas en sus actividades y problemas internos, sino que miren hacia afuera, que estén más atentas a lo que se vive, se piensa, se goza y se sufre entre la gente.

Los religiosos que están en contacto más directo y cercano con padres, familias, jóvenes, barrios... pueden traer esa vida a la parroquia, y pueden abrir más la parroquia hacia su entorno real.

Sería una gracia contar con religiosos y religiosas capaces de despertar la sensibilidad misionera en nuestras parroquias:

- ayudando a concretar mejor a quiénes se siente enviada la comunidad cristiana,

- sugiriendo acciones nuevas dirigidas más directamente a sectores o ámbitos alejados,
- promoviendo todo aquello que lleve a estar más cerca de la vida y los problemas de la gente,
- purificando aquello que puede ser antitestimonio para la acción evangelizadora.

Los religiosos pueden contribuir también de manera muy significativa a **desarrollar comunidades más acogedoras y cercanas**, donde se sepa escuchar y acompañar a los hombres y mujeres de hoy en sus problemas, interrogantes, alegrías y sufrimientos.

Comunidades parroquiales sencillas, donde se cuide la acogida cálida a cada persona, donde se respete la postura de quienes no se sienten cómodos en nuestra Iglesia, donde se pueda experimentar la amistad cristiana y se pueda compartir la vida real, donde se hable menos y se escuche más.

Los religiosos y religiosas (sobre todo, los jubilados) pueden **cuidar más el contacto personal** como cauce inestimable de testimonio y evangelización.

Como decía Pablo VI:

"¿en el fondo hay otra forma de comunicar el Evangelio que no sea la de transmitir a otro la propia experiencia de fe?" (*Evangelii nuntiandi* 46)

Estos últimos años hemos desarrollado mucho la dinámica de grupos, reuniones y encuentros con todos los valores que ello encierra, pero resulta cada vez más difícil encontrar personas que sepan escuchar con sosiego, con las que se pueda hablar despacio de los propios problemas, con las que se pueda confrontar la propia búsqueda de fe.

Hay entre nosotros jóvenes mal acompañados, parejas rotas, ancianos desconcertados, madres destrozadas por la vida, personas solas, creyentes llenos de dudas e incertidumbres, alejados que buscan algo sin saber qué. ¿Quién los puede escuchar? ¿Quién les puede transmitir desde su propia experiencia otro horizonte a sus vidas? ¿No tienen aquí una misión los religiosos?

## 3. Hacia un servicio más evangélico al hombre de hoy

### *En medio de la indiferencia*

Vivimos en una sociedad marcada por la indiferencia religiosa y la progresiva descristianización. El hecho nos preocupa, nos entristece, tal vez nos molesta porque parece poner en peligro la causa de la Iglesia, o tal vez nos irrita, pues nos hace experimentar una especie de fracaso. Pero ¿qué postura ha de adoptar una Iglesia que viva en actitud de servicio, más interesada por el bien y la dicha de los hombres y mujeres de hoy que por su propia seguridad y porvenir?

Lo primero que hemos de recordar es que Dios ama apasionadamente al hombre y la mujer de hoy. **Dios entiende, acoge y perdona a la sociedad actual**. Busca, para todos, un futuro siempre mejor.

El servicio evangelizador de la Iglesia solo puede nacer de un amor grande, apasionado al hombre o la mujer de hoy, nunca del desprecio, el recelo, el miedo o la condena.

Solo quien ama a la gente de hoy, con sus problemas y conflictos, con sus contradicciones y miserias, con sus angustias y fracasos, con sus anhelos y su pecado, está capacitado para evangelizar.

Quien no sienta compasión y ternura por las muchedumbres como Jesús, que las veía desorientadas y sin pastor (*cf.* Mc 9,36), no evangelizará como él. Hará otras cosas, pero no comunicará la Buena Noticia de Dios.

Para comprometerse hoy en un servicio evangelizador es necesario alimentar, antes que nada, una **actitud de comunión fraterna**. Todos somos hermanos y hermanas. Todos caminamos "a tientas". A todos nos ama Dios sin fin, creyentes o agnósticos, indiferentes o ateos, todos vivimos sostenidos por el amor insondable de Dios.

Quien acoge en su corazón este amor de Dios, mira con simpatía inmensa a todo ser humano, también a quienes caminan por la vida con aire indiferente o incrédulo. Todos caben en el corazón de Dios. En todos actúa el Espíritu. Los creyentes deberíamos alimentar esa "simpatía mística con las víctimas de la incredulidad" de la que habla E. Schillebeeckx.

Esta comunión fraterna solo es posible si tomamos conciencia de la **pequeñez y debilidad de nuestra propia fe**. Si nos dejamos mirar por Dios con un corazón limpio, pronto descubriremos nuestra mediocridad e, incluso, la dosis de increencia que nos habita a todos.

No es fácil trazar fronteras claras entre creyentes y no creyentes. En todo creyente hay un no creyente, y viceversa. En todos hay trigo y cizaña. Nadie posee a Dios con seguridad. Nadie ha de hablar de Él colocándose secretamente por encima de los demás. Dios nos trasciende a todos. Ante Él, todos, creyentes y menos creyentes, compartimos la misma finitud radical.

Solo desde estas actitudes básicas podrán los religiosos contribuir a **purificar el servicio evangelizador de la Iglesia**. De lo contrario, no es necesaria su presencia y colaboración. Los indiferentes no son adversarios o antagonistas. No se trata de entrar en combate con ellos en una actitud apologética que los venza y convenza.

El servicio evangelizador exige diálogo amistoso, escucha mutua, compartir los interrogantes que todos llevamos dentro, mostrar la fe que uno mismo vive, sugerir el amor de ese Dios amigo y salvador que nos acompaña, incluso cuando nosotros lo abandonamos.

El que vive hoy acosado por dudas e incertidumbres no podrá escuchar un mensaje de salvación si percibe en nosotros arrogancia, secreta superioridad o incapacidad para compartir y comprender su punto de partida, sus prejuicios, sus críticas y su búsqueda.

## Enviados a los pobres

El Espíritu está en Jesús enviándolo a los pobres. Lo urge para establecer en el mundo el Reinado de Dios y su justicia, para expulsar el mal que oprime, para aliviar el dolor que deshumaniza.

> "El Espíritu del Señor está sobre mí, porque me ha ungido. Me ha enviado a dar la Buena Noticia a los pobres." (Lc 4,18)

El Espíritu nos envía también hoy a los pobres e indefensos como los primeros destinatarios de la evangelización. Son las víctimas, los agredidos en sus derechos fundamentales, los maltratados por la vida y por los violentos, los que están pidiendo más que nadie la venida del Reino de Dios y su justicia.

Nuestras Iglesias necesitan religiosos y religiosas "ungidos" por este Espíritu que empuja siempre hacia los pobres.

Juan Pablo II lo ha recordado con claridad:

"La nueva evangelización no sería auténtica si no siguiera las huellas de Cristo, que fue enviado a evangelizar a los pobres." (Homilía en Vietma, Argentina, 7 de abril de 1987)

Si no hay solidaridad, defensa y servicio a los "nuevos pobres" de la sociedad actual, ¿dónde está la novedad de la "nueva evangelización"?

Son muchos los religiosos y religiosas comprometidos en el servicio a los pobres. Es probablemente su mejor contribución a la Iglesia. Aun así, no me parece superfluo recordar **tres rasgos básicos de Jesús** que todos deberíamos concretar en nuestras vidas.

- Jesús "hace sitio" en su propia vida al dolor, la soledad e impotencia de los que sufren porque no tienen sitio en el corazón de las personas ni en el seno de la sociedad.

- Jesús, además, "defiende al débil", ofrece cobijo a los que viven agobiados por la enfermedad, la culpabilidad o la marginación, los "pequeños", los que no pueden valerse por sí mismos.

- Por último, Jesús se entrega a "salvar lo perdido", la vida que se está echando a perder, la felicidad rota por la enfermedad, la culpa o la discriminación. Él es de "los perdidos". Ha venido "a buscar y salvar lo que estaba perdido" (Lc 19,10).

## Religiosos al servicio de los últimos

No son pocas las implicaciones que este servicio a los pobres puede tener en nuestros días. Solo apuntaré algunas aportaciones posibles de los religiosos.

Los religiosos y religiosas pueden contribuir a **implicar más a la Iglesia en las grandes preocupaciones de nuestro tiempo**: la defensa de la vida y de los derechos humanos en todos los pueblos, la paz, el sufrimiento de los excluidos, la solidaridad entre los pueblos, el cuidado de la Tierra, la crisis de la familia, la dignidad de la mujer, el problema de los ancianos.

No podemos detenernos en una consideración más detallada. Solo diré que, a mi juicio, las religiosas han de tomar una conciencia mucho mayor y han de comprometerse de manera mucho más activa en la defensa de la mujer y de su dignidad en la familia, en la sociedad y en la Iglesia.

La colaboración de los religiosos puede ser también inestimable para **poner realmente al pobre en el corazón de la Iglesia**. Nuestra acción pastoral está hoy muy centrada en lo catequético y lo litúrgico. El seguimiento fiel a Cristo nos está pidiendo hoy poner más en el centro de nuestras parroquias y comunidades cristianas el servicio al pobre, impulsando gestos, iniciativas, posicionamientos y denuncias que nos sensibilicen, nos impliquen más en los problemas de los que sufren y contribuyan a caminar hacia una sociedad un poco más fraterna y justa.

No hemos de pensar solo en los pobres de siempre, sino en esa larga lista de los "nuevos pobres" de nuestra sociedad: niños solos y poco queridos, sin un hogar acogedor; jóvenes desarraigados; drogadictos sin fuerzas para liberarse de su dependencia; mujeres maltratadas; ancianos solos o mal atendidos; esposos y esposas traicionados y abandonados; enfermos psíquicos sin esperanza de rehabilitación; personas depresivas; inmigrantes desamparados; familias rotas por el paro, delincuentes atrapados en la cárcel con poca esperanza de resocialización... ¿Hacia dónde y hacia quiénes nos envía hoy el Espíritu de Jesús?

Hay otra aportación de los religiosos que quiero subrayar de manera especial. Son muchas las congregaciones presentes en la geografía del Tercer Mundo, es intensa la relación con comunidades que sirven en territorios de misión, no son pocos los misioneros jubilados que viven entre nosotros. Toda esta experiencia ha de servir para que los religiosos ayuden a nuestras Iglesias a **seguir desarrollando la solidaridad con los pueblos empobrecidos de la Tierra** y la colaboración con las Iglesias que sufren en ellos.

Necesitamos religiosos y religiosas que nos ayuden a mirar no solo a Europa sino al Sur, no a Maastrich solo sino a Kigali. El Espíritu de Cristo nos está hoy interpelando a todos desde los pobres del Tercer Mundo.

# Índice